Das dämlichste für das ich je Geld ausgegeben habe

Könnte ich ein Tier sein, dann wäre ich

weil

Mein erster Eindruck von dir

## 💼💼💼💼💼💼💼 Jetzt wird's seriös 💼💼💼💼💼💼💼💼

Studienfach

Meine beruflichen Pläne

Das kann ich ziemlich gut

In diesem Bereich kenne ich mich aus

Wenn ich 100.000 € gewinnen würde...

Dort sehe ich mich in 10 Jahren

Datum

Name:

Am besten erreichst du mich...

So haben wir uns kennengelernt

Das mache ich gern

Dafür beneide ich dich ein wenig

Der beste Urlaub meines Lebens war

Das dämlichste für das ich je Geld ausgegeben habe

Ohne folgende Dinge wäre das Leben sinnlos

Mein erster Eindruck von dir

# FREUNDE lassen dich NIEMALS DUMMHEITEN alleine MACHEN

– Freundebuch –

Name:

Am besten erreichst du mich...

So haben wir uns kennengelernt

Das mache ich gern

Dafür beneide ich dich ein wenig

Der beste Urlaub meines Lebens war

Das dämlichste für das ich je Geld ausgegeben habe

Ohne folgende Dinge wäre das Leben sinnlos

Mein erster Eindruck von dir

## Zeit für harte Fakten

Studienfach _______________________________

Meine beruflichen Pläne____________________

______________________________________________

Das kann ich ziemlich gut __________________

______________________________________________

In diesem Bereich kenne ich mich aus________

______________________________________________

Wenn ich 100.000 € gewinnen würde... _______

______________________________________________

Dort sehe ich mich in 10 Jahren ____________

______________________________________________

Name:

Datum

Am besten erreichst du mich...

So haben wir uns kennengelernt

Das mache ich gern

Dafür beneide ich dich ein wenig

Der beste Urlaub meines Lebens war

Das dämlichste für das ich je Geld ausgegeben habe

Mein erster Eindruck von dir

Dürfte ich mir eine Superkraft aussuchen könnte ich...

## Jetzt aber mal ernsthaft

Studienfach _______________________________________________

Meine beruflichen Pläne _____________________________________

_______________________________________________

Das kann ich ziemlich gut ___________________________________

_______________________________________________

In diesem Bereich kenne ich mich aus _________________________

_______________________________________________

Wenn ich 100.000 € gewinnen würde... ________________________

_______________________________________________

Dort sehe ich mich in 10 Jahren _____________________________

_______________________________________________

Datum

Name:

Am besten erreichst du mich...

So haben wir uns kennengelernt

Das mache ich gern

Dafür beneide ich dich ein wenig

Der beste Urlaub meines Lebens war

# Ich bin

Serienjunkie

Fleischfresser

zielstrebig

sportlich Trinkfest

Vielschläfer

schüchtern

Kringel ein
was zutrifft

weltverbesserer

Partylöwe

charmant

einfühlsam

Vegetarier

Kontaktfreudig

Kumpel Typ

kreativ

Workaholic

verfressen

spontan

geborener Anführer

clever

humorvoll

Bücherwurm

# Zeit für harte Fakten

Studienfach

Meine beruflichen Pläne

Das kann ich ziemlich gut

In diesem Bereich kenne ich mich aus

Wenn ich 100.000 € gewinnen würde...

Dort sehe ich mich in 10 Jahren

Datum

Name:

Am besten erreichst du mich...

So haben wir uns kennengelernt

Das mache ich gern

Dafür beneide ich dich ein wenig

Der beste Urlaub meines Lebens war

Das dämlichste für das ich je Geld ausgegeben habe

Mein erster Eindruck von dir

Dürfte ich mir eine Superkraft aussuchen
könnte ich...

## Jetzt aber mal ernsthaft

Studienfach_______________________________________________

Meine beruflichen Pläne ___________________________________

_________________________________________________________

Das kann ich ziemlich gut__________________________________

_________________________________________________________

In diesem Bereich kenne ich mich aus_________________________

_________________________________________________________

Wenn ich 100.000 € gewinnen würde...________________________

_________________________________________________________

Dort sehe ich mich in 10 Jahren _____________________________

_________________________________________________________

Datum ______________

Name: ______________________

Am besten erreichst du mich... ___________________________

_______________________________________________________

So haben wir uns kennengelernt ___________________________

_______________________________________________________

Das mache ich gern _____________________________________

Dafür beneide ich dich ein wenig __________________________

_______________________________________________________

Der beste Urlaub meines Lebens war ________________________

_______________________________________________________

# Ich bin

Serienjunkie
Fleischfresser
Vielschläfer
Sportlich
zielstrebig
Trinkfest
schüchtern
Kringel ein was zutrifft
Weltverbesserer
Partylöwe
charmant
Vegetarier
einfühlsam
Kontaktfreudig
Kumpel Typ
kreativ
Workaholic
verfressen
spontan
geborener Anführer
humorvoll
Bücherwurm
clever

Das dämlichste für das ich je Geld ausgegeben habe

Könnte ich ein Tier sein, dann wäre ich

weil

Mein erster Eindruck von dir

## Jetzt wird's seriös

Studienfach

Meine beruflichen Pläne

Das kann ich ziemlich gut

In diesem Bereich kenne ich mich aus

Wenn ich 100.000 € gewinnen würde...

Dort sehe ich mich in 10 Jahren

Datum

Name:

Am besten erreichst du mich...

So haben wir uns kennengelernt

Das mache ich gern

Dafür beneide ich dich ein wenig

Der beste Urlaub meines Lebens war

Das dämlichste für das ich je Geld ausgegeben habe

Ohne folgende Dinge wäre das Leben sinnlos

Mein erster Eindruck von dir

## Zeit für harte Fakten

Studienfach _______________________________

Meine beruflichen Pläne _______________________________

_______________________________

Das kann ich ziemlich gut _______________________________

_______________________________

In diesem Bereich kenne ich mich aus_______________________________

_______________________________

Wenn ich 100.000 € gewinnen würde... _______________________________

_______________________________

Dort sehe ich mich in 10 Jahren _______________________________

_______________________________

Name: ___________________________    Datum ___________________

Am besten erreichst du mich... ________________________________

___________________________________________________________

So haben wir uns kennengelernt ________________________________

___________________________________________________________

Das mache ich gern _________________________________________

___________________________________________________________

Dafür beneide ich dich ein wenig ______________________________

___________________________________________________________

Der beste Urlaub meines Lebens war ____________________________

___________________________________________________________

Das dämlichste für das ich je Geld ausgegeben habe

___________________________________________________________

Mein erster Eindruck von dir __________________________________

___________________________________________________________

Dürfte ich mir eine Superkraft aussuchen
könnte ich...

___________________________________________________________

___________________________________________________________

## Jetzt aber mal ernsthaft

Studienfach __________________________________________________

Meine beruflichen Pläne ______________________________________

______________________________________________________________

Das kann ich ziemlich gut ____________________________________

______________________________________________________________

In diesem Bereich kenne ich mich aus _________________________

______________________________________________________________

Wenn ich 100.000 € gewinnen würde... _________________________

______________________________________________________________

Dort sehe ich mich in 10 Jahren ______________________________

______________________________________________________________

Datum _______________

Name: _______________

Am besten erreichst du mich... _______________

_______________

So haben wir uns kennengelernt _______________

_______________

Das mache ich gern _______________

Dafür beneide ich dich ein wenig _______________

_______________

Der beste Urlaub meines Lebens war _______________

_______________

# Ich bin

Serienjunkie
Fleischfresser
zielstrebig
Sportlich
Trinkfest
Vielschläfer
schüchtern
Kringel ein was zutrifft
Weltverbesserer
Partylöwe
charmant
Vegetarier
einfühlsam
Kontaktfreudig
Kumpel Typ
kreativ
Workaholic
verfressen
spontan
geborener Anführer
clever
humorvoll
Bücherwurm

Das dämlichste für das ich je Geld ausgegeben habe

_______________________________________________

Könnte ich ein Tier sein, dann wäre ich

_______________________________________________

weil _______________________________________

Mein erster Eindruck von dir _______________

_______________________________________________

🧰🧰🧰🧰🧰🧰🧰Jetzt wird's seriös🧰🧰🧰🧰🧰🧰🧰🧰🧰

Studienfach _______________________________

Meine beruflichen Pläne ___________________

_______________________________________________

Das kann ich ziemlich gut _________________

_______________________________________________

In diesem Bereich kenne ich mich aus _____

_______________________________________________

Wenn ich 100.000 € gewinnen würde... ______

_______________________________________________

Dort sehe ich mich in 10 Jahren __________

_______________________________________________

Datum

Name:

Am besten erreichst du mich...

So haben wir uns kennengelernt

Das mache ich gern

Dafür beneide ich dich ein wenig

Der beste Urlaub meines Lebens war

Das dämlichste für das ich je Geld ausgegeben habe

Ohne folgende Dinge wäre das Leben sinnlos

Mein erster Eindruck von dir

# Zeit für harte Fakten

Studienfach _______________________________

Meine beruflichen Pläne _______________________

___________________________________________

Das kann ich ziemlich gut _______________________

___________________________________________

In diesem Bereich kenne ich mich aus_______________

___________________________________________

Wenn ich 100.000 € gewinnen würde... ______________

___________________________________________

Dort sehe ich mich in 10 Jahren __________________

___________________________________________

Name: _______________________  Datum _______________________

Am besten erreichst du mich... _______________________

_______________________

So haben wir uns kennengelernt _______________________

_______________________

Das mache ich gern _______________________

_______________________

Dafür beneide ich dich ein wenig _______________________

_______________________

Der beste Urlaub meines Lebens war _______________________

_______________________

Das dämlichste für das ich je Geld ausgegeben habe

_______________________

Mein erster Eindruck von dir _______________________

_______________________

Dürfte ich mir eine Superkraft aussuchen
könnte ich...

_______________________

_______________________

## Jetzt aber mal ernsthaft

Studienfach _______________________________________________

Meine beruflichen Pläne _____________________________________

_______________________________________________

Das kann ich ziemlich gut ____________________________________

_______________________________________________

In diesem Bereich kenne ich mich aus __________________________

_______________________________________________

Wenn ich 100.000 € gewinnen würde... __________________________

_______________________________________________

Dort sehe ich mich in 10 Jahren _______________________________

_______________________________________________

Datum _______________

Name: _______________________

Am besten erreichst du mich... ________________________

_________________________________________________

So haben wir uns kennengelernt ________________________

_________________________________________________

Das mache ich gern ________________________

Dafür beneide ich dich ein wenig ________________________

_________________________________________________

Der beste Urlaub meines Lebens war ________________________

_________________________________________________

# Ich bin

Serienjunkie
Fleischfresser    Sportlich    zielstrebig    Trinkfest
Vielschläfer
schüchtern    Kringel ein was zutrifft    weltverbesserer
Partylöwe    einfühlsam    charmant
Vegetarier    Kumpel Typ    kreativ
Kontaktfreudig
Workaholic    geborener Anführer
verfressen    spontan    humorvoll    Bücherwurm    clever

Das dämlichste für das ich je Geld ausgegeben habe

Könnte ich ein Tier Sein, dann wäre ich

weil

Mein erster Eindruck von dir

██████ Jetzt wird's seriös ██████

Studienfach

Meine beruflichen Pläne

Das kann ich ziemlich gut

In diesem Bereich kenne ich mich aus

Wenn ich 100.000 € gewinnen würde...

Dort sehe ich mich in 10 Jahren

Datum

Name:

Am besten erreichst du mich...

So haben wir uns kennengelernt

Das mache ich gern

Dafür beneide ich dich ein wenig

Der beste Urlaub meines Lebens war

Das dämlichste für das ich je Geld ausgegeben habe

Ohne folgende Dinge wäre das Leben sinnlos

Mein erster Eindruck von dir

# Zeit für harte Fakten

Studienfach _______________________________________________

Meine beruflichen Pläne __________________________________

_______________________________________________________

Das kann ich ziemlich gut _________________________________

_______________________________________________________

In diesem Bereich kenne ich mich aus______________________

_______________________________________________________

Wenn ich 100.000 € gewinnen würde... _____________________

_______________________________________________________

Dort sehe ich mich in 10 Jahren ___________________________

_______________________________________________________

Name:                                    Datum

Am besten erreichst du mich...

So haben wir uns kennengelernt

Das mache ich gern

Dafür beneide ich dich ein wenig

Der beste Urlaub meines Lebens war

Das dämlichste für das ich je Geld ausgegeben habe

Mein erster Eindruck von dir

Dürfte ich mir eine Superkraft aussuchen
könnte ich...

## Jetzt aber mal ernsthaft

Studienfach _______________________________________________

Meine beruflichen Pläne _____________________________________

_______________________________________________________

Das kann ich ziemlich gut _____________________________________

_______________________________________________________

In diesem Bereich kenne ich mich aus ___________________________

_______________________________________________________

Wenn ich 100.000 € gewinnen würde... __________________________

_______________________________________________________

Dort sehe ich mich in 10 Jahren _______________________________

_______________________________________________________

Datum

Name:

Am besten erreichst du mich...

So haben wir uns kennengelernt

Das mache ich gern

Dafür beneide ich dich ein wenig

Der beste Urlaub meines Lebens war

# Ich bin

Serienjunkie

Fleischfresser

zielstrebig

Sportlich

Trinkfest

Vielschläfer

schüchtern

Kringel ein was zutrifft

weltverbesserer

Partylöwe

charmant

einfühlsam

Vegetarier

Kontaktfreudig

Kumpel Typ

kreativ

Workaholic

geborener Anführer

clever

verfressen

spontan

humorvoll

Bücherwurm

Das dämlichste für das ich je Geld ausgegeben habe

Könnte ich ein Tier sein, dann wäre ich

weil

Mein erster Eindruck von dir

## Jetzt wird's seriös

Studienfach

Meine beruflichen Pläne

Das kann ich ziemlich gut

In diesem Bereich kenne ich mich aus

Wenn ich 100.000 € gewinnen würde...

Dort sehe ich mich in 10 Jahren

Datum

Name:

Am besten erreichst du mich...

So haben wir uns kennengelernt

Das mache ich gern

Dafür beneide ich dich ein wenig

Der beste Urlaub meines Lebens war

Das dämlichste für das ich je Geld ausgegeben habe

Ohne folgende Dinge wäre das Leben sinnlos

Mein erster Eindruck von dir

# Zeit für harte Fakten

Studienfach ___________________________________________

Meine beruflichen Pläne ___________________________________________

___________________________________________

Das kann ich ziemlich gut ___________________________________________

___________________________________________

In diesem Bereich kenne ich mich aus___________________________________________

___________________________________________

Wenn ich 100.000 € gewinnen würde... ___________________________________________

___________________________________________

Dort sehe ich mich in 10 Jahren ___________________________________________

___________________________________________

Name:       Datum

Am besten erreichst du mich...

So haben wir uns kennengelernt

Das mache ich gern

Dafür beneide ich dich ein wenig

Der beste Urlaub meines Lebens war

Das dämlichste für das ich je Geld ausgegeben habe

Mein erster Eindruck von dir

Dürfte ich mir eine Superkraft aussuchen
könnte ich...

## Jetzt aber mal ernsthaft

Studienfach _______________________________________________

Meine beruflichen Pläne _____________________________________

___________________________________________________________

Das kann ich ziemlich gut ____________________________________

___________________________________________________________

In diesem Bereich kenne ich mich aus ___________________________

___________________________________________________________

Wenn ich 100.000 € gewinnen würde... __________________________

___________________________________________________________

Dort sehe ich mich in 10 Jahren _______________________________

___________________________________________________________

Datum _______________

Name: _______________________________

Am besten erreichst du mich... ________________________

_______________________________________________________

So haben wir uns kennengelernt ________________________

_______________________________________________________

Das mache ich gern ____________________________________

Dafür beneide ich dich ein wenig ______________________

_______________________________________________________

Der beste Urlaub meines Lebens war ____________________

_______________________________________________________

# Ich bin

Serienjunkie    Fleischfresser    Sportlich    zielstrebig    Trinkfest

Vielschläfer

schüchtern    Kringel ein was zutrifft    weltverbesserer

Partylöwe    charmant

Vegetarier    einfühlsam

Kumpel Typ    kreativ

Kontaktfreudig

Workaholic    geborener Anführer    clever

verfressen    spontan    humorvoll    Bücherwurm

Das dämlichste für das ich je Geld ausgegeben habe

Könnte ich ein Tier Sein, dann wäre ich

weil

Mein erster Eindruck von dir

## Jetzt wird's seriös

Studienfach

Meine beruflichen Pläne

Das kann ich ziemlich gut

In diesem Bereich kenne ich mich aus

Wenn ich 100.000 € gewinnen würde...

Dort sehe ich mich in 10 Jahren

Datum

Name:

Am besten erreichst du mich...

So haben wir uns kennengelernt

Das mache ich gern

Dafür beneide ich dich ein wenig

Der beste Urlaub meines Lebens war

Das dämlichste für das ich je Geld ausgegeben habe

Ohne folgende Dinge wäre das Leben sinnlos

Mein erster Eindruck von dir

# Zeit für harte Fakten

Studienfach _______________________________________

Meine beruflichen Pläne _______________________________

_______________________________________

Das kann ich ziemlich gut _______________________________

_______________________________________

In diesem Bereich kenne ich mich aus_______________________

_______________________________________

Wenn ich 100.000 € gewinnen würde... _____________________

_______________________________________

Dort sehe ich mich in 10 Jahren __________________________

_______________________________________

Name: _______________________________  Datum _______________

Am besten erreichst du mich... _______________________________

_______________________________________________________________

So haben wir uns kennengelernt ________________________________

_______________________________________________________________

Das mache ich gern ____________________________________________

_______________________________________________________________

Dafür beneide ich dich ein wenig ______________________________

_______________________________________________________________

Der beste Urlaub meines Lebens war ____________________________

_______________________________________________________________

Das dämlichste für das ich je Geld ausgegeben habe

_______________________________________________________________

Mein erster Eindruck von dir __________________________________

_______________________________________________________________

Dürfte ich mir eine Superkraft aussuchen
könnte ich...

_______________________________________________________________

_______________________________________________________________

## Jetzt aber mal ernsthaft

Studienfach _______________________________________________

Meine beruflichen Pläne ____________________________________

___________________________________________________________

Das kann ich ziemlich gut __________________________________

___________________________________________________________

In diesem Bereich kenne ich mich aus _______________________

___________________________________________________________

Wenn ich 100.000 € gewinnen würde... _______________________

___________________________________________________________

Dort sehe ich mich in 10 Jahren ____________________________

___________________________________________________________

Datum ______________

Name: ______________________

Am besten erreichst du mich... ______________
______________________________________________

So haben wir uns kennengelernt ______________
______________________________________________

Das mache ich gern ______________________

Dafür beneide ich dich ein wenig ______________

______________________________________________

Der beste Urlaub meines Lebens war ______________

______________________________________________

# Ich bin

Serienjunkie    Fleischfresser    Sportlich    zielstrebig    Trinkfest

Vielschläfer

schüchtern    Kringel ein was zutrifft    weltverbesserer

Partylöwe    charmant

Vegetarier    einfühlsam

Kontaktfreudig    Kumpel Typ    kreativ

Workaholic

verfressen    spontan    geborener Anführer    clever

humorvoll    Bücherwurm

Das dämlichste für das ich je Geld ausgegeben habe

Könnte ich ein Tier Sein, dann wäre ich

weil

Mein erster Eindruck von dir

🧰🧰🧰🧰🧰🧰🧰 Jetzt wird's seriös 🧰🧰🧰🧰🧰🧰🧰🧰

Studienfach

Meine beruflichen Pläne

Das kann ich ziemlich gut

In diesem Bereich kenne ich mich aus

Wenn ich 100.000 € gewinnen würde...

Dort sehe ich mich in 10 Jahren

Datum

Name:

Am besten erreichst du mich...

So haben wir uns kennengelernt

Das mache ich gern

Dafür beneide ich dich ein wenig

Der beste Urlaub meines Lebens war

Das dämlichste für das ich je Geld ausgegeben habe

Ohne folgende Dinge wäre das Leben sinnlos

Mein erster Eindruck von dir

## Zeit für harte Fakten

Studienfach _______________________________________

Meine beruflichen Pläne _______________________________

_______________________________________________________

Das kann ich ziemlich gut _______________________________

_______________________________________________________

In diesem Bereich kenne ich mich aus_____________________

_______________________________________________________

Wenn ich 100.000 € gewinnen würde... ___________________

_______________________________________________________

Dort sehe ich mich in 10 Jahren _________________________

_______________________________________________________

Name:                                    Datum

Am besten erreichst du mich...


So haben wir uns kennengelernt


Das mache ich gern


Dafür beneide ich dich ein wenig


Der beste Urlaub meines Lebens war


Das dämlichste für das ich je Geld ausgegeben habe


Mein erster Eindruck von dir


Dürfte ich mir eine Superkraft aussuchen
könnte ich...

## Jetzt aber mal ernsthaft

Studienfach _______________________________

Meine beruflichen Pläne _______________________________

_______________________________

Das kann ich ziemlich gut _______________________________

_______________________________

In diesem Bereich kenne ich mich aus _______________________________

_______________________________

Wenn ich 100.000 € gewinnen würde... _______________________________

_______________________________

Dort sehe ich mich in 10 Jahren _______________________________

_______________________________

Datum

Name:

Am besten erreichst du mich...

So haben wir uns kennengelernt

Das mache ich gern

Dafür beneide ich dich ein wenig

Der beste Urlaub meines Lebens war

# Ich bin

Serienjunkie

Fleischfresser

zielstrebig

Sportlich

Trinkfest

Vielschläfer

schüchtern

weltverbesserer

Kringel ein
was zutrifft

Partylöwe

charmant

Vegetarier

einfühlsam

Kumpel Typ

kreativ

Kontaktfreudig

Workaholic

geborener Anführer

clever

verfressen

spontan

Bücherwurm

humorvoll

Das dämlichste für das ich je Geld ausgegeben habe

Könnte ich ein Tier sein, dann wäre ich

weil

Mein erster Eindruck von dir

■■■■■■■ Jetzt wird's seriös ■■■■■■■

Studienfach

Meine beruflichen Pläne

Das kann ich ziemlich gut

In diesem Bereich kenne ich mich aus

Wenn ich 100.000 € gewinnen würde...

Dort sehe ich mich in 10 Jahren

Datum

Name:

Am besten erreichst du mich...

So haben wir uns kennengelernt

Das mache ich gern

Dafür beneide ich dich ein wenig

Der beste Urlaub meines Lebens war

Das dämlichste für das ich je Geld ausgegeben habe

Ohne folgende Dinge wäre das Leben sinnlos

Mein erster Eindruck von dir

## Zeit für harte Fakten

Studienfach ___________________________________

Meine beruflichen Pläne _________________________

_____________________________________________

Das kann ich ziemlich gut ________________________

_____________________________________________

In diesem Bereich kenne ich mich aus________________

_____________________________________________

Wenn ich 100.000 € gewinnen würde... ______________

_____________________________________________

Dort sehe ich mich in 10 Jahren __________________

_____________________________________________

Name: _______________________________  Datum _______________

Am besten erreichst du mich... _________________________

___________________________________________________________

So haben wir uns kennengelernt _________________________

___________________________________________________________

Das mache ich gern _____________________________________

___________________________________________________________

Dafür beneide ich dich ein wenig _______________________

___________________________________________________________

Der beste Urlaub meines Lebens war ______________________

___________________________________________________________

Das dämlichste für das ich je Geld ausgegeben habe

___________________________________________________________

Mein erster Eindruck von dir ____________________________

___________________________________________________________

Dürfte ich mir eine Superkraft aussuchen
könnte ich...

___________________________________________________________

___________________________________________________________

## Jetzt aber mal ernsthaft

Studienfach __________

Meine beruflichen Pläne __________

__________

Das kann ich ziemlich gut __________

__________

In diesem Bereich kenne ich mich aus __________

__________

Wenn ich 100.000 € gewinnen würde... __________

__________

Dort sehe ich mich in 10 Jahren __________

__________

Datum ______________

Name: ______________________

Am besten erreichst du mich... _______________

_______________________________________________

So haben wir uns kennengelernt _______________

_______________________________________________

Das mache ich gern _______________________

Dafür beneide ich dich ein wenig _____________

_______________________________________________

Der beste Urlaub meines Lebens war ___________

_______________________________________________

# Ich bin

Serienjunkie

Fleischfresser   Sportlich   zielstrebig   Trinkfest

Vielschläfer   weltverbesserer

schüchtern   Kringel ein was zutrifft

Partylöwe   charmant

einfühlsam

Vegetarier   Kumpel Typ   kreativ

Kontaktfreudig

Workaholic   geborener Anführer   clever

verfressen   spontan   humorvoll   Bücherwurm

Das dämlichste für das ich je Geld ausgegeben habe

Könnte ich ein Tier sein, dann wäre ich

weil

Mein erster Eindruck von dir

## Jetzt wird's seriös

Studienfach

Meine beruflichen Pläne

Das kann ich ziemlich gut

In diesem Bereich kenne ich mich aus

Wenn ich 100.000 € gewinnen würde...

Dort sehe ich mich in 10 Jahren

Datum

Name:

Am besten erreichst du mich...

So haben wir uns kennengelernt

Das mache ich gern

Dafür beneide ich dich ein wenig

Der beste Urlaub meines Lebens war

Das dämlichste für das ich je Geld ausgegeben habe

Ohne folgende Dinge wäre das Leben sinnlos

Mein erster Eindruck von dir

Sportlich **Ich bin** spontan

clever kreativ zielstrebig Trinkfest

Vielschläfer charmant Weltverbesserer

Vegetarier Fleischfresser

Partylöwe **Markier was zutrifft** verfressen Serienjunkie

geborener Anführer einfühlsam

Bücherwurm

Schüchtern Kumpel Typ humorvoll

Workaholic Kontaktfreudig

# Zeit für harte Fakten

Studienfach ______________________________

Meine beruflichen Pläne ______________________

___________________________________________

Das kann ich ziemlich gut ____________________

___________________________________________

In diesem Bereich kenne ich mich aus __________

___________________________________________

Wenn ich 100.000 € gewinnen würde... __________

___________________________________________

Dort sehe ich mich in 10 Jahren ______________

___________________________________________

Name:

Datum

Am besten erreichst du mich...

So haben wir uns kennengelernt

Das mache ich gern

Dafür beneide ich dich ein wenig

Der beste Urlaub meines Lebens war

Das dämlichste für das ich je Geld ausgegeben habe

Mein erster Eindruck von dir

Dürfte ich mir eine Superkraft aussuchen
könnte ich...

## Jetzt aber mal ernsthaft

Studienfach

Meine beruflichen Pläne

Das kann ich ziemlich gut

In diesem Bereich kenne ich mich aus

Wenn ich 100.000 € gewinnen würde...

Dort sehe ich mich in 10 Jahren

Datum _______________

Name: _______________

Am besten erreichst du mich... _______________
_______________

So haben wir uns kennengelernt _______________
_______________

Das mache ich gern _______________

Dafür beneide ich dich ein wenig _______________
_______________

Der beste Urlaub meines Lebens war _______________
_______________

# Ich bin

Serienjunkie    Fleischfresser    zielstrebig    sportlich    Trinkfest

Vielschläfer    Weltverbesserer

schüchtern    Kringel ein was zutrifft    charmant

Partylöwe    einfühlsam

Vegetarier    Kumpel Typ    kreativ

Kontaktfreudig

Workaholic    geborener Anführer    clever

verfressen    spontan    humorvoll    Bücherwurm

Das dämlichste für das ich je Geld ausgegeben habe

Könnte ich ein Tier sein, dann wäre ich

weil

Mein erster Eindruck von dir

## Jetzt wird's seriös

Studienfach

Meine beruflichen Pläne

Das kann ich ziemlich gut

In diesem Bereich kenne ich mich aus

Wenn ich 100.000 € gewinnen würde...

Dort sehe ich mich in 10 Jahren

Name: ___________________________ Datum___________

Am besten erreichst du mich... _______________

So haben wir uns kennengelernt _______________

Das mache ich gern _______________

Dafür beneide ich dich ein wenig _______________

Der beste Urlaub meines Lebens war _______________

Das dämlichste für das ich je Geld ausgegeben habe

Ohne folgende Dinge wäre das Leben sinnlos

Mein erster Eindruck von dir _______________

# Zeit für harte Fakten

Studienfach ___________________________

Meine beruflichen Pläne ___________________________

___________________________

Das kann ich ziemlich gut ___________________________

___________________________

In diesem Bereich kenne ich mich aus___________________________

___________________________

Wenn ich 100.000 € gewinnen würde... ___________________________

___________________________

Dort sehe ich mich in 10 Jahren ___________________________

___________________________

Name: ______________________________    Datum ____________

Am besten erreichst du mich... ______________________

_______________________________________________________

So haben wir uns kennengelernt ______________________

_______________________________________________________

Das mache ich gern ____________________________________

_______________________________________________________

Dafür beneide ich dich ein wenig ____________________

_______________________________________________________

Der beste Urlaub meines Lebens war __________________

_______________________________________________________

Das dämlichste für das ich je Geld ausgegeben habe

_______________________________________________________

Mein erster Eindruck von dir _________________________

_______________________________________________________

Dürfte ich mir eine Superkraft aussuchen
könnte ich...

_______________________________________________________

_______________________________________________________

## Jetzt aber mal ernsthaft

Studienfach __________________________________________________

Meine beruflichen Pläne ______________________________________

__________________________________________________________

Das kann ich ziemlich gut _____________________________________

__________________________________________________________

In diesem Bereich kenne ich mich aus ___________________________

__________________________________________________________

Wenn ich 100.000 € gewinnen würde... __________________________

__________________________________________________________

Dort sehe ich mich in 10 Jahren _______________________________

__________________________________________________________

Datum _______________

Name: _______________

Am besten erreichst du mich... _______________
_______________

So haben wir uns kennengelernt _______________
_______________

Das mache ich gern _______________

Dafür beneide ich dich ein wenig _______________
_______________

Der beste Urlaub meines Lebens war _______________
_______________

# Ich bin

Serienjunkie
Fleischfresser
zielstrebig
Sportlich
Trinkfest
Vielschläfer
schüchtern
weltverbesserer
Kringel ein was zutrifft
Partylöwe
charmant
einfühlsam
Vegetarier
Kumpel Typ
kreativ
Kontaktfreudig
Workaholic
geborener Anführer
clever
verfressen
spontan
humorvoll
Bücherwurm

Das dämlichste für das ich je Geld ausgegeben habe

Könnte ich ein Tier sein, dann wäre ich

weil

Mein erster Eindruck von dir

████████ Jetzt wird's seriös ████████

Studienfach

Meine beruflichen Pläne

Das kann ich ziemlich gut

In diesem Bereich kenne ich mich aus

Wenn ich 100.000 € gewinnen würde...

Dort sehe ich mich in 10 Jahren

Datum

Name:

Am besten erreichst du mich...

So haben wir uns kennengelernt

Das mache ich gern

Dafür beneide ich dich ein wenig

Der beste Urlaub meines Lebens war

Das dämlichste für das ich je Geld ausgegeben habe

Ohne folgende Dinge wäre das Leben sinnlos

Mein erster Eindruck von dir

# Zeit für harte Fakten

Studienfach ________________________________

Meine beruflichen Pläne________________________

________________________________________________

Das kann ich ziemlich gut ______________________

________________________________________________

In diesem Bereich kenne ich mich aus_____________

________________________________________________

Wenn ich 100.000 € gewinnen würde... ___________

________________________________________________

Dort sehe ich mich in 10 Jahren _________________

________________________________________________

Name:                                    Datum

Am besten erreichst du mich...


So haben wir uns kennengelernt


Das mache ich gern


Dafür beneide ich dich ein wenig


Der beste Urlaub meines Lebens war


Das dämlichste für das ich je Geld ausgegeben habe


Mein erster Eindruck von dir


Dürfte ich mir eine Superkraft aussuchen
könnte ich...

## Jetzt aber mal ernsthaft

Studienfach_______________________________________________

Meine beruflichen Pläne _____________________________________

_________________________________________________________

Das kann ich ziemlich gut_____________________________________

_________________________________________________________

In diesem Bereich kenne ich mich aus_____________________________

_________________________________________________________

Wenn ich 100.000 € gewinnen würde..._____________________________

_________________________________________________________

Dort sehe ich mich in 10 Jahren ________________________________

_________________________________________________________

Datum ______________

Name: __________________

Am besten erreichst du mich... __________________

____________________________________________

So haben wir uns kennengelernt ______________

____________________________________________

Das mache ich gern ______________________

Dafür beneide ich dich ein wenig __________

____________________________________________

Der beste Urlaub meines Lebens war ________

____________________________________________

# Ich bin

Serienjunkie

Fleischfresser

Vielschläfer

Sportlich   zielstrebig

Trinkfest

schüchtern   Kringel ein was zutrifft

weltverbesserer

Partylöwe

charmant

einfühlsam

Vegetarier

Kontaktfreudig

Kumpel Typ   kreativ

Workaholic

verfressen   spontan   geborener Anführer   clever

humorvoll   Bücherwurm

Das dämlichste für das ich je Geld ausgegeben habe

Könnte ich ein Tier sein, dann wäre ich

weil

Mein erster Eindruck von dir

## Jetzt wird's seriös

Studienfach

Meine beruflichen Pläne

Das kann ich ziemlich gut

In diesem Bereich kenne ich mich aus

Wenn ich 100.000 € gewinnen würde...

Dort sehe ich mich in 10 Jahren

Datum

Name:

Am besten erreichst du mich...

So haben wir uns kennengelernt

Das mache ich gern

Dafür beneide ich dich ein wenig

Der beste Urlaub meines Lebens war

Das dämlichste für das ich je Geld ausgegeben habe

Ohne folgende Dinge wäre das Leben sinnlos

Mein erster Eindruck von dir

## Zeit für harte Fakten

Studienfach _______________________________

Meine beruflichen Pläne _____________________

_________________________________________

Das kann ich ziemlich gut ___________________

_________________________________________

In diesem Bereich kenne ich mich aus _________

_________________________________________

Wenn ich 100.000 € gewinnen würde... ________

_________________________________________

Dort sehe ich mich in 10 Jahren _____________

_________________________________________

Name: ______________________  Datum ______________

Am besten erreichst du mich... ________________________

_____________________________________________________

So haben wir uns kennengelernt ______________________

_____________________________________________________

Das mache ich gern __________________________________

_____________________________________________________

Dafür beneide ich dich ein wenig ____________________

_____________________________________________________

Der beste Urlaub meines Lebens war ___________________

_____________________________________________________

Das dämlichste für das ich je Geld ausgegeben habe

_____________________________________________________

Mein erster Eindruck von dir _________________________

_____________________________________________________

Dürfte ich mir eine Superkraft aussuchen
könnte ich...

_____________________________________________________

_____________________________________________________

## Jetzt aber mal ernsthaft

Studienfach _______________________________________________

Meine beruflichen Pläne _____________________________________

________________________________________________________

Das kann ich ziemlich gut ____________________________________

________________________________________________________

In diesem Bereich kenne ich mich aus ___________________________

________________________________________________________

Wenn ich 100.000 € gewinnen würde... __________________________

________________________________________________________

Dort sehe ich mich in 10 Jahren _______________________________

________________________________________________________

Datum

Name:

Am besten erreichst du mich...

So haben wir uns kennengelernt

Das mache ich gern

Dafür beneide ich dich ein wenig

Der beste Urlaub meines Lebens war

# Ich bin

Serienjunkie
Fleischfresser
zielstrebig
sportlich
Trinkfest
Vielschläfer
schüchtern
Kringel ein was zutrifft
weltverbesserer
Partylöwe
charmant
einfühlsam
Vegetarier
Kumpel Typ
kreativ
Kontaktfreudig
Workaholic
geborener Anführer
clever
spontan
verfressen
humorvoll
Bücherwurm

Das dämlichste für das ich je Geld ausgegeben habe

Könnte ich ein Tier sein, dann wäre ich

weil

Mein erster Eindruck von dir

📦📦📦📦📦📦📦 Jetzt wird's seriös 📦📦📦📦📦📦📦📦📦

Studienfach

Meine beruflichen Pläne

Das kann ich ziemlich gut

In diesem Bereich kenne ich mich aus

Wenn ich 100.000 € gewinnen würde...

Dort sehe ich mich in 10 Jahren

Datum

Name:

Am besten erreichst du mich...

So haben wir uns kennengelernt

Das mache ich gern

Dafür beneide ich dich ein wenig

Der beste Urlaub meines Lebens war

Das dämlichste für das ich je Geld ausgegeben habe

Ohne folgende Dinge wäre das Leben sinnlos

Mein erster Eindruck von dir

## Zeit für harte Fakten

Studienfach _______________________________________________

Meine beruflichen Pläne _______________________________________

_____________________________________________________________

Das kann ich ziemlich gut _______________________________________

_____________________________________________________________

In diesem Bereich kenne ich mich aus_______________________________

_____________________________________________________________

Wenn ich 100.000 € gewinnen würde... _______________________________

_____________________________________________________________

Dort sehe ich mich in 10 Jahren ___________________________________

_____________________________________________________________

Name: _______________________ Datum _______________________

Am besten erreichst du mich... _______________________

_______________________

So haben wir uns kennengelernt _______________________

_______________________

Das mache ich gern _______________________

_______________________

Dafür beneide ich dich ein wenig _______________________

_______________________

Der beste Urlaub meines Lebens war _______________________

_______________________

Das dämlichste für das ich je Geld ausgegeben habe

_______________________

Mein erster Eindruck von dir _______________________

_______________________

Dürfte ich mir eine Superkraft aussuchen
könnte ich...

_______________________

## Jetzt aber mal ernsthaft

Studienfach __________________________________________

Meine beruflichen Pläne ______________________________

__________________________________________

Das kann ich ziemlich gut ____________________________

__________________________________________

In diesem Bereich kenne ich mich aus _________________

__________________________________________

Wenn ich 100.000 € gewinnen würde... _________________

__________________________________________

Dort sehe ich mich in 10 Jahren ______________________

__________________________________________

Datum

Name:

Am besten erreichst du mich...

So haben wir uns kennengelernt

Das mache ich gern

Dafür beneide ich dich ein wenig

Der beste Urlaub meines Lebens war

# Ich bin

Serienjunkie

Fleischfresser

zielstrebig

Sportlich

Trinkfest

Vielschläfer

schüchtern

Kringel ein was zutrifft

weltverbesserer

Partylöwe

charmant

Vegetarier

einfühlsam

Kontaktfreudig

Kumpel Typ

kreativ

Workaholic

verfressen

spontan

geborener Anführer

clever

humorvoll

Bücherwurm

Das dämlichste für das ich je Geld ausgegeben habe

Könnte ich ein Tier sein, dann wäre ich

weil

Mein erster Eindruck von dir

🧰🧰🧰🧰🧰🧰🧰 Jetzt wird's seriös 🧰🧰🧰🧰🧰🧰🧰🧰🧰

Studienfach

Meine beruflichen Pläne

Das kann ich ziemlich gut

In diesem Bereich kenne ich mich aus

Wenn ich 100.000 € gewinnen würde...

Dort sehe ich mich in 10 Jahren

Name: ___________________________     Datum ___________

Am besten erreichst du mich... ___________________________

___________________________________________________________

So haben wir uns kennengelernt ___________________________

___________________________________________________________

Das mache ich gern ___________________________________________

___________________________________________________________

Dafür beneide ich dich ein wenig _________________________

___________________________________________________________

Der beste Urlaub meines Lebens war _______________________

___________________________________________________________

Das dämlichste für das ich je Geld ausgegeben habe

___________________________________________________________

Ohne folgende Dinge wäre das Leben sinnlos

___________________________________________________________

Mein erster Eindruck von dir _____________________________

___________________________________________________________

## Zeit für harte Fakten

Studienfach _______________________________

Meine beruflichen Pläne _______________________

_______________________________________________

Das kann ich ziemlich gut _______________________

_______________________________________________

In diesem Bereich kenne ich mich aus____________

_______________________________________________

Wenn ich 100.000 € gewinnen würde... ___________

_______________________________________________

Dort sehe ich mich in 10 Jahren _________________

_______________________________________________

Name: _______________________  Datum _______________

Am besten erreichst du mich... _______________________

_____________________________________________________

So haben wir uns kennengelernt ______________________

_____________________________________________________

Das mache ich gern __________________________________

_____________________________________________________

Dafür beneide ich dich ein wenig ____________________

_____________________________________________________

Der beste Urlaub meines Lebens war ___________________

_____________________________________________________

Das dämlichste für das ich je Geld ausgegeben habe

_____________________________________________________

Mein erster Eindruck von dir _________________________

_____________________________________________________

Dürfte ich mir eine Superkraft aussuchen
könnte ich...

_____________________________________________________

_____________________________________________________

## Jetzt aber mal ernsthaft

Studienfach _______________________________________________

Meine beruflichen Pläne _______________________________________

_______________________________________________________________

Das kann ich ziemlich gut _______________________________________

_______________________________________________________________

In diesem Bereich kenne ich mich aus _____________________________

_______________________________________________________________

Wenn ich 100.000 € gewinnen würde... _____________________________

_______________________________________________________________

Dort sehe ich mich in 10 Jahren _________________________________

_______________________________________________________________

Datum _______________

Name: _______________________

Am besten erreichst du mich... ________________

_____________________________________________

So haben wir uns kennengelernt ________________

_____________________________________________

Das mache ich gern ________________________

Dafür beneide ich dich ein wenig ____________

_____________________________________________

Der beste Urlaub meines Lebens war __________

_____________________________________________

# Ich bin

Serienjunkie

Fleischfresser

zielstrebig

Sportlich

Trinkfest

Vielschläfer

schüchtern

Kringel ein
was zutrifft

weltverbesserer

Partylöwe

charmant

einfühlsam

Vegetarier

Kumpel Typ

kreativ

Kontaktfreudig

Workaholic

geborener Anführer

clever

verfressen

spontan

humorvoll

Bücherwurm

Das dämlichste für das ich je Geld ausgegeben habe

Könnte ich ein Tier Sein, dann wäre ich

weil

Mein erster Eindruck von dir

## Jetzt wird's seriös

Studienfach

Meine beruflichen Pläne

Das kann ich ziemlich gut

In diesem Bereich kenne ich mich aus

Wenn ich 100.000 € gewinnen würde...

Dort sehe ich mich in 10 Jahren

Datum

Name:

Am besten erreichst du mich...


So haben wir uns kennengelernt


Das mache ich gern


Dafür beneide ich dich ein wenig


Der beste Urlaub meines Lebens war


Das dämlichste für das ich je Geld ausgegeben habe


Ohne folgende Dinge wäre das Leben sinnlos


Mein erster Eindruck von dir

# Zeit für harte Fakten

Studienfach ____________________________________

Meine beruflichen Pläne _______________________

____________________________________________

Das kann ich ziemlich gut _______________________

____________________________________________

In diesem Bereich kenne ich mich aus_______________

____________________________________________

Wenn ich 100.000 € gewinnen würde... ____________

____________________________________________

Dort sehe ich mich in 10 Jahren __________________

____________________________________________

Name: ___________________________  Datum ___________

Am besten erreichst du mich... ___________________

________________________________________________

So haben wir uns kennengelernt _________________

________________________________________________

Das mache ich gern ____________________________

________________________________________________

Dafür beneide ich dich ein wenig ______________

________________________________________________

Der beste Urlaub meines Lebens war ____________

________________________________________________

Das dämlichste für das ich je Geld ausgegeben habe

________________________________________________

Mein erster Eindruck von dir __________________

________________________________________________

Dürfte ich mir eine Superkraft aussuchen
könnte ich...

________________________________________________

________________________________________________

## Jetzt aber mal ernsthaft

Studienfach _______________________________________________

Meine beruflichen Pläne _______________________________________

_______________________________________________________________

Das kann ich ziemlich gut _______________________________________

_______________________________________________________________

In diesem Bereich kenne ich mich aus _______________________________

_______________________________________________________________

Wenn ich 100.000 € gewinnen würde... _______________________________

_______________________________________________________________

Dort sehe ich mich in 10 Jahren _________________________________

_______________________________________________________________

Datum _______________

Name: _______________

Am besten erreichst du mich... _______________

_______________

So haben wir uns kennengelernt _______________

_______________

Das mache ich gern _______________

Dafür beneide ich dich ein wenig _______________

_______________

Der beste Urlaub meines Lebens war _______________

_______________

# Ich bin

Serienjunkie

Fleischfresser

Sportlich

zielstrebig

Trinkfest

Vielschläfer

schüchtern

Kringel ein was zutrifft

weltverbesserer

Partylöwe

charmant

einfühlsam

Vegetarier

Kontaktfreudig

Kumpel Typ

kreativ

Workaholic

spontan

geborener Anführer

clever

verfressen

humorvoll

Bücherwurm

Das dämlichste für das ich je Geld ausgegeben habe

Könnte ich ein Tier sein, dann wäre ich

weil

Mein erster Eindruck von dir

## 💼💼💼💼💼💼💼 Jetzt wird's seriös 💼💼💼💼💼💼💼💼

Studienfach

Meine beruflichen Pläne

Das kann ich ziemlich gut

In diesem Bereich kenne ich mich aus

Wenn ich 100.000 € gewinnen würde...

Dort sehe ich mich in 10 Jahren

Datum

Name:

Am besten erreichst du mich...

So haben wir uns kennengelernt

Das mache ich gern

Dafür beneide ich dich ein wenig

Der beste Urlaub meines Lebens war

Das dämlichste für das ich je Geld ausgegeben habe

Ohne folgende Dinge wäre das Leben sinnlos

Mein erster Eindruck von dir

## Zeit für harte Fakten

Studienfach _______________________________________

Meine beruflichen Pläne ____________________________

_________________________________________________

Das kann ich ziemlich gut ___________________________

_________________________________________________

In diesem Bereich kenne ich mich aus_________________

_________________________________________________

Wenn ich 100.000 € gewinnen würde... _______________

_________________________________________________

Dort sehe ich mich in 10 Jahren _____________________

_________________________________________________

Name: __________________________          Datum __________

Am besten erreichst du mich... _______________________

_____________________________________________________

So haben wir uns kennengelernt _______________________

_____________________________________________________

Das mache ich gern ___________________________________

_____________________________________________________

Dafür beneide ich dich ein wenig ____________________

_____________________________________________________

Der beste Urlaub meines Lebens war ___________________

_____________________________________________________

Das dämlichste für das ich je Geld ausgegeben habe

_____________________________________________________

Mein erster Eindruck von dir _________________________

_____________________________________________________

Dürfte ich mir eine Superkraft aussuchen
könnte ich...

_____________________________________________________

_____________________________________________________

## Jetzt aber mal ernsthaft

Studienfach

Meine beruflichen Pläne

Das kann ich ziemlich gut

In diesem Bereich kenne ich mich aus

Wenn ich 100.000 € gewinnen würde...

Dort sehe ich mich in 10 Jahren

Datum _______________

Name: _______________

Am besten erreichst du mich... _______________

_______________

So haben wir uns kennengelernt _______________

_______________

Das mache ich gern _______________

Dafür beneide ich dich ein wenig _______________

_______________

Der beste Urlaub meines Lebens war _______________

_______________

# Ich bin

Serienjunkie  Fleischfresser  zielstrebig  Sportlich  Trinkfest
Vielschläfer
schüchtern  Kringel ein was zutrifft  weltverbesserer
Partylöwe  charmant
Vegetarier  einfühlsam
Kontaktfreudig  Kumpel Typ  kreativ
Workaholic  geborener Anführer  clever
verfressen  spontan  humorvoll  Bücherwurm

Das dämlichste für das ich je Geld ausgegeben habe

Könnte ich ein Tier sein, dann wäre ich

weil

Mein erster Eindruck von dir

## 🧰🧰🧰🧰🧰🧰🧰 Jetzt wird's seriös 🧰🧰🧰🧰🧰🧰🧰🧰

Studienfach

Meine beruflichen Pläne

Das kann ich ziemlich gut

In diesem Bereich kenne ich mich aus

Wenn ich 100.000 € gewinnen würde...

Dort sehe ich mich in 10 Jahren

Datum

Name:

Am besten erreichst du mich...

So haben wir uns kennengelernt

Das mache ich gern

Dafür beneide ich dich ein wenig

Der beste Urlaub meines Lebens war

Das dämlichste für das ich je Geld ausgegeben habe

Ohne folgende Dinge wäre das Leben sinnlos

Mein erster Eindruck von dir

# Zeit für harte Fakten

Studienfach ____________________

Meine beruflichen Pläne ____________________

____________________

Das kann ich ziemlich gut ____________________

____________________

In diesem Bereich kenne ich mich aus ____________________

____________________

Wenn ich 100.000 € gewinnen würde... ____________________

____________________

Dort sehe ich mich in 10 Jahren ____________________

____________________

Name: _______________________________  Datum ___________

Am besten erreichst du mich... _______________________________
_______________________________________________________________

So haben wir uns kennengelernt ________________________________
_______________________________________________________________

Das mache ich gern ____________________________________________
_______________________________________________________________

Dafür beneide ich dich ein wenig ______________________________
_______________________________________________________________

Der beste Urlaub meines Lebens war _____________________________
_______________________________________________________________

Das dämlichste für das ich je Geld ausgegeben habe
_______________________________________________________________

Mein erster Eindruck von dir ___________________________________
_______________________________________________________________

Dürfte ich mir eine Superkraft aussuchen
könnte ich...
_______________________________________________________________

_______________________________________________________________

## Jetzt aber mal ernsthaft

Studienfach______________________________________________

Meine beruflichen Pläne __________________________________

______________________________________________________

Das kann ich ziemlich gut_________________________________

______________________________________________________

In diesem Bereich kenne ich mich aus________________________

______________________________________________________

Wenn ich 100.000 € gewinnen würde...________________________

______________________________________________________

Dort sehe ich mich in 10 Jahren ____________________________

______________________________________________________

Datum _______________

Name: _______________________

Am besten erreichst du mich... _______________
_______________________________________

So haben wir uns kennengelernt _______________
_______________________________________

Das mache ich gern _______________________

Dafür beneide ich dich ein wenig _______________
_______________________________________

Der beste Urlaub meines Lebens war _______________
_______________________________________

# Ich bin

Serienjunkie

**Fleischfresser**  **Sportlich**  zielstrebig  **Trinkfest**

Vielschläfer

schüchtern  Kringel ein was zutrifft  weltverbesserer

**Partylöwe**  einfühlsam  **charmant**

Vegetarier  Kumpel Typ  **kreativ**

Kontaktfreudig

**Workaholic**  geborener Anführer  clever

verfressen  spontan  **Bücherwurm**

humorvoll

Das dämlichste für das ich je Geld ausgegeben habe

Könnte ich ein Tier sein, dann wäre ich

weil

Mein erster Eindruck von dir



Studienfach

Meine beruflichen Pläne

Das kann ich ziemlich gut

In diesem Bereich kenne ich mich aus

Wenn ich 100.000 € gewinnen würde...

Dort sehe ich mich in 10 Jahren

Name: _______________________________          Datum_______________

Am besten erreichst du mich... ___________________

___________________________________________________

So haben wir uns kennengelernt ___________________

___________________________________________________

Das mache ich gern _______________________________

___________________________________________________

Dafür beneide ich dich ein wenig _________________

___________________________________________________

Der beste Urlaub meines Lebens war ________________

___________________________________________________

Das dämlichste für das ich je Geld ausgegeben habe

___________________________________________________

Ohne folgende Dinge wäre das Leben sinnlos

___________________________________________________

Mein erster Eindruck von dir ______________________

___________________________________________________

## Zeit für harte Fakten

Studienfach _______________________________________________

Meine beruflichen Pläne _______________________________________

_________________________________________________________

Das kann ich ziemlich gut ______________________________________

_________________________________________________________

In diesem Bereich kenne ich mich aus_______________________________

_________________________________________________________

Wenn ich 100.000 € gewinnen würde... _______________________________

_________________________________________________________

Dort sehe ich mich in 10 Jahren ___________________________________

_________________________________________________________

Name: _______________________ Datum _______________

Am besten erreichst du mich... _______________________

_______________________________________________________

So haben wir uns kennengelernt ___________________________

_______________________________________________________

Das mache ich gern _____________________________________

_______________________________________________________

Dafür beneide ich dich ein wenig _________________________

_______________________________________________________

Der beste Urlaub meines Lebens war _______________________

_______________________________________________________

Das dämlichste für das ich je Geld ausgegeben habe

_______________________________________________________

Mein erster Eindruck von dir _____________________________

_______________________________________________________

Dürfte ich mir eine Superkraft aussuchen
könnte ich...

_______________________________________________________

_______________________________________________________

## Jetzt aber mal ernsthaft

Studienfach _______________________________________________

Meine beruflichen Pläne _____________________________________

___________________________________________________________

Das kann ich ziemlich gut ____________________________________

___________________________________________________________

In diesem Bereich kenne ich mich aus ___________________________

___________________________________________________________

Wenn ich 100.000 € gewinnen würde... __________________________

___________________________________________________________

Dort sehe ich mich in 10 Jahren _______________________________

___________________________________________________________

Datum ______________

Name: ______________________

Am besten erreichst du mich... ______________

__________________________________________

So haben wir uns kennengelernt ______________

__________________________________________

Das mache ich gern ______________________

Dafür beneide ich dich ein wenig ____________

__________________________________________

Der beste Urlaub meines Lebens war ________

__________________________________________

# Ich bin

Serienjunkie

Fleischfresser

zielstrebig

sportlich  Trinkfest

Vielschläfer

schüchtern  Kringel ein was zutrifft

weltverbesserer

Partylöwe  charmant

Vegetarier  einfühlsam

Kontaktfreudig  Kumpel Typ  kreativ

Workaholic

verfressen  spontan  geborener Anführer  clever

humorvoll  Bücherwurm

Das dämlichste für das ich je Geld ausgegeben habe

Könnte ich ein Tier sein, dann wäre ich

weil

Mein erster Eindruck von dir

## Jetzt wird's seriös

Studienfach

Meine beruflichen Pläne

Das kann ich ziemlich gut

In diesem Bereich kenne ich mich aus

Wenn ich 100.000 € gewinnen würde...

Dort sehe ich mich in 10 Jahren

Name: _______________________________ Datum _______________

Am besten erreichst du mich... _______________

_______________________________________________

So haben wir uns kennengelernt _______________

_______________________________________________

Das mache ich gern _____________________________

_______________________________________________

Dafür beneide ich dich ein wenig _______________

_______________________________________________

Der beste Urlaub meines Lebens war _______________

_______________________________________________

Das dämlichste für das ich je Geld ausgegeben habe

_______________________________________________

Ohne folgende Dinge wäre das Leben sinnlos

_______________________________________________

_______________________________________________

Mein erster Eindruck von dir _______________

_______________________________________________

## Zeit für harte Fakten

Studienfach _______________________________________

Meine beruflichen Pläne _____________________________

_________________________________________________

Das kann ich ziemlich gut ___________________________

_________________________________________________

In diesem Bereich kenne ich mich aus _________________

_________________________________________________

Wenn ich 100.000 € gewinnen würde... ________________

_________________________________________________

Dort sehe ich mich in 10 Jahren _____________________

_________________________________________________

Name: ______________________    Datum ______________

Am besten erreichst du mich...

So haben wir uns kennengelernt

Das mache ich gern

Dafür beneide ich dich ein wenig

Der beste Urlaub meines Lebens war

Das dämlichste für das ich je Geld ausgegeben habe

Mein erster Eindruck von dir

Dürfte ich mir eine Superkraft aussuchen
könnte ich...

## Jetzt aber mal ernsthaft

Studienfach _______________________________________________

Meine beruflichen Pläne _____________________________________

_________________________________________________________

Das kann ich ziemlich gut ____________________________________

_________________________________________________________

In diesem Bereich kenne ich mich aus ___________________________

_________________________________________________________

Wenn ich 100.000 € gewinnen würde... __________________________

_________________________________________________________

Dort sehe ich mich in 10 Jahren _______________________________

_________________________________________________________

Inhalt und Gestaltung:
Content and design by:

Andreas Beck
Breiteweg 24
89143 Blaubeuren
Germany